utb 4546



**Eine Arbeitsgemeinschaft der Verlage**

Böhlau Verlag · Wien · Köln · Weimar
Verlag Barbara Budrich · Opladen · Toronto
facultas · Wien
Wilhelm Fink · Paderborn
A. Francke Verlag · Tübingen
Haupt Verlag · Bern
Verlag Julius Klinkhardt · Bad Heilbrunn
Mohr Siebeck · Tübingen
Nomos Verlagsgesellschaft · Baden-Baden
Ernst Reinhardt Verlag · München · Basel
Ferdinand Schöningh · Paderborn
Eugen Ulmer Verlag · Stuttgart
UVK Verlagsgesellschaft · Konstanz, mit UVK/Lucius · München
Vandenhoeck & Ruprecht · Göttingen · Bristol
Waxmann · Münster · New York

Martin Linne

# Grundwissen Tourismus



UVK Verlagsgesellschaft mbH · Konstanz
mit UVK/Lucius · München

**Dr. Martin Linne** war viele Jahre Dozent und ist in der Tourismusberatung und -forschung tätig.

Online-Angebote oder elektronische Ausgaben sind erhältlich unter www.utb-shop.de.

Bibliografische Information der Deutschen Bibliothek
Die Deutsche Bibliothek verzeichnet diese Publikation in der Deutschen Nationalbibliografie; detaillierte bibliografische Daten sind im Internet über <http://dnb.ddb.de> abrufbar.



Lektorat: Rainer Berger
Einbandgestaltung: Atelier Reichert, Stuttgart
Einbandmotiv: © Elisa Locci – fotolia.com
Druck und Bindung: Pustet, Regensburg

UVK Verlagsgesellschaft mbH
Schützenstr. 24 · 78462 Konstanz
Tel. 07531-9053-0 · Fax 07531-9053-98
www.uvk.de

UTB-Nr. 4546
**ISBN 978-3-8252-4546-7 (Print)**
**ISBN 978-3-8463-4546-7 (EPUB)**

## An die Leserinnen und Leser!

Mit der Berufswahl in einem Bereich der Tourismuswirtschaft geht für viele ein Traum in Erfüllung. Ein Traum vom Reisen, von fernen Ländern und exotischen Kulturen – und das auch noch als bezahlte Dienstreise. Wahrlich traumhaft ist es sogar dann, wenn man dort arbeiten und leben kann, wo andere nur Urlaub machen. Und: Mit einer akademischen Ausbildung ist der lukrative Chefposten irgendwie schon zum Greifen nah.

Zugegeben, die Realität gestaltet sich meistens anders: Die Jobs verlangen von den Mitarbeitern sehr viel Engagement ab. Die Arbeitszeiten sind nicht immer optimal. Außer bei Reiseveranstaltern muss man meistens zu Zeiten arbeiten, in denen andere Urlaub haben. Selbst in einem Studium des Tourismus sind viele Dinge zu lernen und zu verstehen, die nicht in der Traumvorstellung vorkommen. Dennoch lohnt es sich, den Weg über ein Bachelorstudium mit einem späteren Masterstudium zu verfolgen. Denn in einer Freizeitbranche zu arbeiten und ein sympathisches Produkt zu verkaufen ist etwas Schönes.

Das Buch *Grundwissen Tourismus* soll den Interessierten, Quereinsteigern und Studierenden einen grundlegenden Einblick in die Tourismuswirtschaft geben. Selbstredend können nicht alle Aspekte in diesem Buch beschrieben werden. Mir ist es wichtiger, die wesentlichen Akteure (→ Kapitel 2) und die größeren Tätigkeitsfelder (→ Kapitel 3 und 4) zu beschreiben.

Ein zentrales Anliegen ist es mir zudem, auch auf Grenzen der Entwicklung und die Verantwortung der Akteure hinzuweisen (→ Kapitel 1). Gerade im Bereich des kulturellen Austausches und der ökologischen Dimension des Tourismus sind noch nicht alle Probleme nachhaltig gelöst.

Zum Glück ist die Tourismuswirtschaft eine sehr dynamische Branche. Fehlentwicklungen eines Massentourismus sind nur schwer zu korrigieren. Die Fehler sollten deshalb bei der künftigen Entwicklung und Planung neuer Projekte im Tourismus vermieden werden.

Ich wünsche allen Leserinnen und Lesern interessante Einblicke. Besonders freut es mich, mit diesem Buch ein umfangreiches Interesse an der immer wieder spannenden wissenschaftlichen Arbeit im Tourismus wecken zu können.

Elmshorn, im Mai 2016

Martin Linne

# Inhalt

# 1 Tourismus

## Die Entwicklung des Tourismus

Seit wir Menschen sesshaft geworden sind, haben wir auch Reisen unternommen. Archäologische Befunde, z. B. bei Stonehenge, belegen den Austausch von Gütern und damit das Reisen der Menschen seit vielen tausend Jahren.

> ✱ Wissen | **Reisen**
> Reisen sind vorübergehende Ortsveränderungen, die stets an ihren Ausgangspunkt zurückführen.

Vor gut 100 Jahren wurde damit begonnen, das Reisen wissenschaftlich zu untersuchen und erste Definitionen des Tourismus zu formulieren. Alle Ansätze setzen sich mit dem Verhalten von Menschen als Reisende, räumlichen Dimensionen, zeitlichen Dimensionen und inhaltlichen Abgrenzungen auseinander.

Nur Menschen können reisen. Güter werden transportiert. Der in den Medien oft verwendete Begriff des Abfalltourismus, wenn Abfälle von Deponie zu Deponie transportiert werden, ist insofern wohl eher als Metapher zu verstehen.

Der Reisende bewegt sich im Raum. Er verlässt seinen gewöhnlichen Aufenthaltsbereich, seinen **Alltagsraum**. Manche Forscher haben versucht, diese Bewegung im Raum an bestimmte Mindestentfernungen zu koppeln. Allein die Tatsache, dass es keine Einigung auf ein bestimmtes Maß gibt, zeigt, dass sich das Verlassen des Alltagsraums mehr im Kopf des Reisenden abspielt als messbar auf einer Landkarte.

Auch die zeitliche Dimension des Reisens sollte bestimmte Mindestzeiträume nicht unterschreiten. So wurde viele Jahrzehnte daran festgehalten, dass Reisen im Tourismus mindestens 24 Stunden dauern mussten. Erst seit wenigen Jahren hat die Wissenschaft und die Praxis akzeptiert, dass auch **Tagesreisen** und **Ausflüge** zum Tourismus hinzugehören.

**Geschäftsreisen** zählten ursprünglich ebenfalls nicht zum Tourismus, genauso wie Reisen, die nicht ins Ausland gingen. Heute ist es selbstverständlich, sowohl Geschäfts- als auch Freizeitreisen innerhalb eines Staates dem Tourismus zuzuordnen.

## Tourismus als Wissenschaft

Mit ihren Anfängen vor rund 100 Jahren kann die Tourismuswissenschaft als eine noch relativ junge wissenschaftliche Disziplin angesehen werden. Allerdings ist das noch immer nicht selbstverständlich.

Viele Wissenschaftler gehen davon aus, dass Tourismus „nur" eine besondere Ausprägung „ihrer" wissenschaftlichen Disziplin ist. Das liegt z. B. daran, dass Tourismus sehr viele Beziehungen zu den unterschiedlichsten Wissenschaften hat. Dieses Buch begann mit einem kurzen Beispiel aus der Archäologie. Aber auch in der Medizin werden Reisekrankheiten erforscht. Juristen kümmern sich um das Reiserecht, Geografen um räumliche Dimensionen, die beim Tourismus eine Rolle spielen. Für Volkswirte sind makroökonomische Effekte des Reisens relevant und für Betriebswirte die einzelbetrieblichen Fragestellungen. Und dies sind nur einige der Beziehungen des Tourismus zu anderen Wissenschaften.

* Wissen | **Tourismus als Wissenschaft**

Eine wissenschaftliche Disziplin gilt als eigenständig, wenn sie sich über einen spezifischen Forschungsgegenstand definiert, der sich deutlich von anderen Sachgebieten abgrenzt und mit eigenen Fragestellungen konkretisiert und beschrieben werden kann.

Reisen sind der spezifische Forschungsgegenstand der Tourismuswissenschaft. Die sich daraus ableitenden Fragen sind so komplex, dass sie die Hilfe anderer wissenschaftlicher Disziplinen benötigen. Die Wissenschaft des Tourismus ist folglich durch eine große **Interdisziplinarität** (sog. Multidisziplinarität) gekennzeichnet. Beim Tourismus wird dann von so genannten Mutterwissenschaften gesprochen.

Die Tatsache, dass sich eine wissenschaftliche Disziplin mit den Facherkenntnissen einer anderen Disziplin besser betreiben lässt, stellt kein Ausschlusskriterium der Eigenständigkeit dar. Schließlich wird z. B. der Medizin die Eigenständigkeit nicht aberkannt, nur weil sie sich auch der Statistik bedient.

## Der Bezugsrahmen des Tourismus

Aus der Vielschichtigkeit der Tourismuswissenschaft leitet sich auch in der Praxis ein breit gefächerter Kanon an Bezugspunkten ab. Für viele macht gerade das den Reiz aus, eine berufliche Orientierung im Bereich des Tourismus zu finden.

Wir werden von der **Gesellschaft** beeinflusst und umgekehrt. Das gilt auch auf Reisen. Das Reisen an sich ist schon ein Wert in der Gesellschaft. Schließlich reden Reisende sehr gern über ihre Erfahrungen. Dabei unterscheiden sich die Diashows der 1970er Jahre nur technisch von den Posts auf Facebook, Instagram & Co.

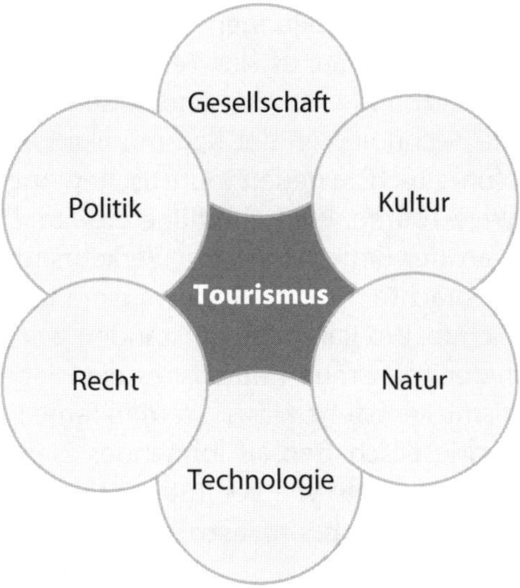


Abb. 1: Bezugsrahmen des Tourismus

In Bezug zum weiten Themenkomplex der **Kultur** werden Reisen als kulturelles und soziales Lernerlebnis verstanden. Reisen bildet. Reisen fördert auch den kulturellen Austausch. Das kann jedoch auch zu kultureller Verfremdung und Veränderung führen.

Diese und ähnliche Schattenseiten des Reisens zeigen sich besonders im Bezugspunkt **Natur**. Es ist nicht nur der Schadstoffausstoß, der durch Reisen verursacht wird, auch die Naturräume selbst leiden unter zu viel Tourismus (Skigebiete, Tauchriffe etc.). Die Verantwortung der Menschen im Tourismus zeigt sich in Überlegungen zur **Nachhaltigkeit** von Reisen und in Formen des **sanften Tourismus**.

Technologische Entwicklungen begleiten den Tourismus seit Anbeginn. Sei es das Telefon, die Postkarte oder das Smartphone – immer sind Reisende bestrebt, modernste Technologien der Kommunikation zu nutzen. Das führt auch zu neuen touristischen Angeboten z. B. Segway-Touren, Weltraumflüge u. v. m. Deutlich wird das an der Entwicklung der Verkehrsmittel. Die Dampflok brachte für die Tourismusbranche einen riesigen Schub. Wo Bahnhöfe entstanden, entwickelte sich auch der Tourismus. Heute ist es die Fliegerei, die den Tourismus entstehen lässt. Werden ferne Reiseziele von Fluggesellschaften als lohnendes Ziel erkannt, dann kann sich heute wie vor 150 Jahren der Tourismus um die **Verkehrsinfrastruktur** herum entwickeln.

Das **Rechtssystem** stellt den Rahmen unserer Gesellschaft und unserer Wirtschaft dar. Für Reisen gibt es im Bürgerlichen Gesetzbuch (BGB) einen speziellen Paragrafen für den Reisevertrag: § 651. Dem Gesetzgeber ist es wichtig, den Verbraucher besonders zu schützen; denn Reiseverträge sind äußerst komplexe Rechtsgebilde.

* Wissen | **Verbraucherschutz**

Verbraucherschutz besteht aus gesetzlichen Regelungen, um die Stellung des Konsumenten gegenüber den mächtigeren Unternehmen und ihren Taktiken zu stärken.

**Tourismuspolitik** ist – wie der Tourismus überhaupt – nicht grundsätzlich ein abgeschlossenes Teilgebiet der Politik. Viele Bereiche der Politik tangieren den Tourismus: Verkehrspolitik, Wirtschaftspolitik, Währungspolitik, Umweltpolitik etc. Tourismuspolitik findet in Parteien statt. Viele politische Parteien haben tourismuspolitische Sprecher. Auch auf Regierungsseite findet Tourismuspolitik statt. In Ministerien gibt es ein Tourismusreferat (z. B. in Deutschland) oder gar ein Tourismusministerium (z. B. Spanien). In der parlamentarischen Verwaltung kann es auch einen Tourismusausschuss geben (z. B. im Deutschen Bundestag). Um der Politik ein Gegengewicht zu stellen, haben sich viele Unternehmen im Tourismus zu **Verbänden** zusammengeschlossen.

## Die Tourismuswirtschaft

Zum Tourismus gibt es viele Zugänge. Ein wesentlicher erfolgt über die Wirtschaft bzw. die Wirtschaftswissenschaften. Zunächst lässt sich eine Gliederung zwischen der Volks- und Betriebswirtschaft vornehmen. Innerhalb der Betriebswirtschaft ist es üblich, zwischen einer institutionalen (wer?) und einer funktionalen (was, wie?) Ebene zu unterscheiden. Das ist so auch im Tourismus möglich. Wir kennen als Träger z. B. Hotelbetriebe (wer?), die Werbung (was?) als Tätigkeit für sich machen müssen.

Im Tourismus empfiehlt es sich, noch eine dritte Ebene einzufügen. Auf dieser dritten Ebene wird zwischen verschiedenen Themen unterschieden. So gibt es z. B. Wellnesshotels, Radlerhotels, Wanderhotels u. v. m. So zeigt sich, wie sich die Tourismuswirtschaft in viele Teilmärkte aufgliedert. Damit wird klar, dass es sich bei der Tourismuswirtschaft um eine eigenständige, **spezielle Betriebswirtschaft** handelt.

✱ Wissen | **Markt**

Ein Markt ist das Zusammentreffen von Angebot und Nachfrage an einem realen oder virtuellen Ort.

Hier steht zunächst die Angebotsseite im Vordergrund. Die folgende Abbildung stellt die drei Ebenen des touristischen Angebots – Träger, Tätigkeiten und Themen – dar. Jeder Teil einer Ebene kann für sich betrachtet werden. Jedoch wird erst in den Schnittpunkten die konkrete Handlungsoption deutlich.

Ein Beispiel: Ein Reiseveranstalter (Träger) hat sich auf Sportreisen (Themen) spezialisiert und beschafft (Tätigkeit) für sein künftiges Angebot neue, passende Hotelkapazitäten.

Das touristische Angebot setzt sich immer aus mehreren Leistungen verschiedener Träger zusammen. Die Basis des Angebots bilden stets die Orte. Dort sind Beherbergungsangebote ebenso wie gastronomische Angebote und ein gewisses Maß an Unterhaltungsmöglichkeiten (z. B. Sehenswürdigkeiten, Freizeitpark etc.) erforderlich. Dieses **Prinzip der Leistungsbün-**

**deldung** macht das touristische Angebot zu einem eigenständigen Wirtschaftsgut, das dem speziellen Forschungsgegenstand der Reise (Nachfrage) gegenübersteht.

✱ Wissen | **Tourismuswirtschaft**

Tourismuswirtschaft ist der Teil der Wirtschaft, bei dem nach **Trägern** (Institutionen), **Tätigkeiten** (Funktionen) und **Themen** (Märke) differenziert, den **Reisebedürfnissen** der Kunden entsprechende Leistungen angeboten werden.

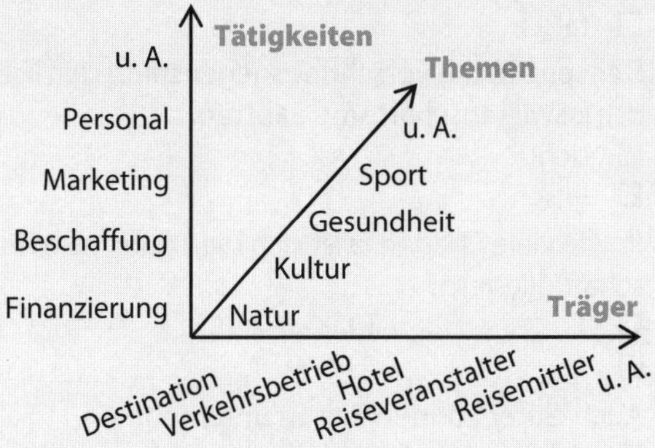


Abb. 2: TTT-Gliederung der Tourismuswirtschaft

## ✱ Verständnisfragen

Haben Sie alles verstanden? Mit den folgenden Fragen können Sie das Gelernte schnell prüfen:

[1] Auch die Archäologie liefert mitunter Erkenntnisse, die Aufschluss auf die Entwicklung des Tourismus geben können.
- ☐ richtig
- ☐ falsch

[2] Ein Tourismusausschuss ist ein politisches Gremium.
- ☐ richtig
- ☐ falsch

[3] Der spezifische Forschungsgegenstand der Tourismuswissenschaft sind Fahrten.
- ☐ richtig
- ☐ falsch

[4] In wie viele Ebenen lässt sich die Tourismuswirtschaft gliedern?

| | |
|---|---|
| ☐ 1 | ☐ 2 |
| ☐ 3 | ☐ 4 |

[5] Auch Güter können Reisen unternehmen.
- ☐ richtig
- ☐ falsch

[6] Ein Tourismusverband stellt einen Zusammenschluss gleichartiger Tourismusunternehmen dar.
- ☐ richtig
- ☐ falsch

[7] Der § 651 BGB ist insbesondere aus Gründen des Verbraucherschutzes streng auszulegen.

☐ richtig

☐ falsch

* Lösungen

Die Lösungen finden Sie online unter
**www.utb-shop.de**
direkt beim Titel unter „Zusatzmaterial".

## 2 Die Träger der Tourismuswirtschaft

Im Tourismus sorgen viele verschiedene Unternehmen und öffentliche Einrichtungen, ja sogar der öffentliche Raum, dafür, dass Reisen als Gesamtergebnis wahrgenommen werden. Das **Prinzip der Leistungsbündelung** bestimmt somit das Wesen des Tourismus.

Nicht jedes Unternehmen, das vom Tourismus profitieren kann, wird auch vom Reisegast **direkt** als Teil des Tourismus angesehen. Es gibt viele Betriebe, die **indirekt** am Tourismus teilhaben. Der örtliche Bäcker liefert z. B. die Brötchen für das Hotelfrühstück. Der Malermeister des Ortes sorgt für frische Farben in der Tourist-Info.

> * Wissen | **Wertschöpfung**
>
> Die Wertschöpfung im Tourismus untergliedert sich in eine direkte, erste Stufe und eine indirekte, zweite Stufe.

Die Wertschöpfung beschreibt die Einkommenseffekte, die durch die Tourismuswirtschaft entstehen.

Die für den Gast wahrnehmbaren Leistungen der Tourismusbetriebe bestimmen zusammen das Reiseerlebnis. Es setzt sich zusammen aus dem Ort (als Reiseziel), den Beherbergungsleistungen, der Gastronomie, dem Unterhaltungsangebot, aber auch aus den Empfehlungen im Reisebüro und/oder den Leistungen eines Reiseveranstalters. Auch wenn es nicht immer einen geregelten Ablauf dafür gibt, so können diese Leistungsteile doch als **Servicekette** in einem idealtypischen Ablauf beschrieben werden. Für fast alle touristischen Angebote können spezifische, idealtypische Serviceketten ermittelt, analysiert und optimiert werden. Damit kann das Gesamterlebnis für den Gast verbessert werden. Das ist ein Teil des Qualitätsmanagements im Tourismus.

* Wissen | **Serviceketten**

**Serviceketten** sind chronologische bzw. sachlogische Abläufe des touristischen Konsums. Sie dienen der Analyse von Schwachstellen, insbesondere beim Übergang von einem zum anderen Träger der touristischen Leistung.

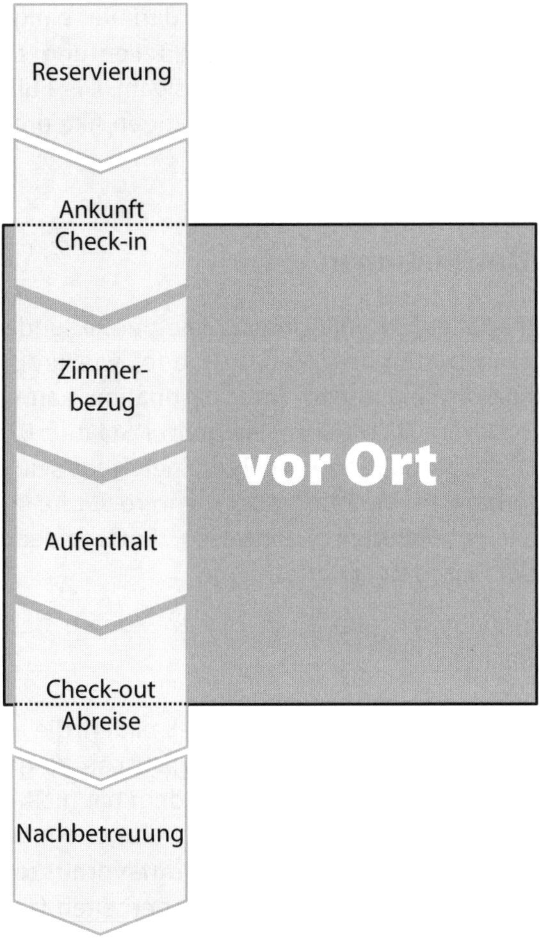


Abb. 3: Vereinfachte Darstellung einer Servicekette

In den folgenden Abschnitten werden nun einige wesentliche **Träger** der touristischen Leistung dargestellt. Das ist nur eine knappe Auswahl. Die Fülle der direkt und indirekt im Tourismus tätigen Akteure kann hier nicht abgedeckt werden.

## Die Destinationen

Destinationen sind die Urlaubsziele der Reisenden. Es gibt kein bestimmtes Maß, was oder wie groß eine Destination sein muss. Eine Destination kann eine kleine Insel (z. B. Sylt) oder ein ganzer Staat (z. B. USA) sein. Eine Destination kann Teil einer Stadt sein (z. B. Reeperbahn in Hamburg) oder mehrere Städte (z. B. in Form einer Rundreise) umfassen. Entscheidend ist, was der Reisegast erwartet!

> Destinationen entstehen in den Köpfen der Verbraucher.

Geografische Orte (oder Bereiche) bilden die naturräumliche Basis, um weitere touristische Angebote entstehen lassen zu können. Trotzdem hat nicht jeder Ort das Potenzial, als Destination wahrgenommen zu werden. Es sind bestimmte **Angebotsvoraussetzungen** zu erfüllen, die sich aus Besonderheiten (z. B. Alleinstellungsmerkmal) ableiten lassen:

- natürliche Angebotsvoraussetzungen
  - geografisch: z. B. Meer und/oder Strand, Berge, Seen, …

- ▶ klimatisch: z. B. Reizklima, Sonnenschein, Schnee, …
- künstliche Angebotsvoraussetzungen
  - ▶ real: z. B. Schiff, Klubanlagen, Hafenanlagen, künstliche Erlebniswelten, …
  - ▶ virtuell: z. B. Images, historische und kulturelle Faktoren.

Die Geschicke einer Destination werden vom Destinationsmanagement gesteuert. Hier liegt die Verantwortung, die Destination wie eine Marke zu führen und zu entwickeln.

> * Wissen | **Zielgebietsmarken**
>
> Destinationen sollten als touristische Zielgebietsmarken aufgefasst werden.

Das **Destinationsmanagement** kann verschiedene Rechtsformen annehmen. Eine Destination Management Organisation (DMO) kann als interne Abteilung einer Kommunalverwaltung firmieren (Amt), als Eigenbetrieb einer Kommune, als Eigengesellschaft einer Kommune oder in verschiedenen privatwirtschaftlichen Rechtsformen (vom Verein bis zu Aktiengesellschaft) geführt werden.

Wichtige Aufgaben des Destinationsmanagements:

- Führung der Destination als strategische Einheit im Sinne einer Marke (Destination Governance: Moderation und Networking, Destination Branding)

- Finanzierung der eigenen Aufgaben, durch
  - Fördermittel
  - Eigenanteile der Träger
  - Tourismusabgaben (z. B. Kurtaxe)
  - eigene Umsatzerlöse
- Werbung für die Destination
- Koordination des Angebots der eigenständigen Träger touristischer Leistungen
- Ergänzung des Angebots z. B. durch Veranstaltungen
- Beratung und Information der Gäste sowie ggf. auch der Vertrieb von Leistungen der örtlichen Anbieter, Betrieb einer **Tourismusinformationsstelle**
- Betrieb öffentlicher Einrichtungen (Bäder, Parks, ...)

Destinationen sind in Tourismusverbänden zusammengeschlossen. In jedem Bundesland gibt es einen so genannten Landestourismusverband. Auf Bundesebene gibt es den **Deutscher Tourismusverband e. V. (DTV)**. Hier wird einerseits politische Lobbyarbeit betrieben. Andererseits werden aber auch Qualitätsanforderungen für Träger touristischer Leistungen definiert, so genannte Klassifizierungen.

> * Tipp im Web | **Deutscher Tourismusverband**
>
> Auf den Internetseiten des DTV können Sie sich über die Leistungen des Verbandes informieren.
> www.deutschertourismusverband.de/.

## Die Verkehrsunternehmen

✱ Wissen | **Verkehr**

Verkehrsunternehmen betreiben Verkehrsmittel. Damit bieten sie Verkehrsleistungen an.

Die Kunden von Verkehrsunternehmen sind Passagiere.

Voraussetzung dafür sind Verkehrsmedien (Land, Wasser, Luft), die Verkehrsinfrastruktur (z. B. Leitsysteme, Bahnhöfe, Häfen) und die Verkehrswege (z. B. Straßen, Schienenstrecken, Wasserstraßen).

Verkehrsunternehmen spezialisieren sich i. d. R. auf bestimmte Verkehrsmittel. Luftverkehrsunternehmen werden **Fluggesellschaften** genannt; Wasserverkehrsunternehmen nennen sich **Reedereien.** Für Landverkehrsunternehmen gibt es keine einheitliche Bezeichnung, weil die Verkehrsmittel zu unterschiedlich sind.

Nicht jedes Verkehrsmittel muss von einem Verkehrsunternehmen betrieben werden. Fahrräder, Autos, Segelschiffe oder Sportflugzeuge werden auch von Privatpersonen betrieben und im Tourismus eingesetzt. Das wird als **touristischer Individualverkehr** bezeichnet.

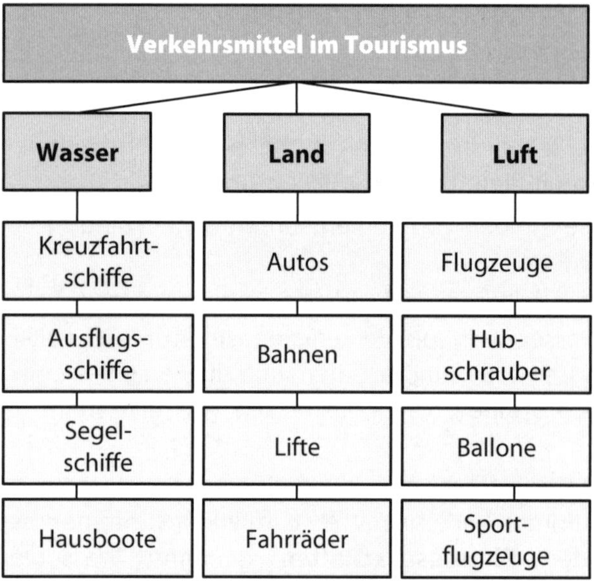


Abb. 4: Ausgewählte Verkehrsmittel im Tourismus

Touristische Verkehrsunternehmen erfüllen zwei wesentliche Funktionen im Tourismus, die

- Transportleistungen zum und vom Reiseziel und
- Transportleistungen innerhalb des Reiseziels.

Bei den Transportleistungen innerhalb des Reiseziels sind bestimmte Angebotsformen besonders häufig (Beispiele):

- Erlebnisfahrten
  - Bootsfahrten mit Ausflugsschiffen
  - Stadtrundfahrten mit Bussen

- Zweckfahrten
- öffentlicher Personennahverkehr (ÖPNV)
- individuelle Verkehrsangebote (Z. B. Taxis)

Der Erfolg von Verkehrsunternehmen hängt maßgeblich vom Angebot der Verbindungen ab. So ist es nicht egal, ob eine Fluggesellschaft ihre Flüge z. B. ab Hamburg oder ab Lübeck anbietet. Auch bei Ausflugsschiffen hängt der Erfolg von den angebotenen Touren ab. Der Standort des Unternehmenssitzes hat keinen wesentlichen Einfluss auf den Erfolg, wohl aber der Standort der Verkehrsinfrastruktur. Hier sei an die Diskussion um den neuen Münchner Flughafen und die S-Bahn-Anbindung zum Hauptbahnhof in der Münchener Innenstadt erinnert.

Je mehr Verkehrsmittel ein Konsument benötigt, um sein Reiseziel zu erreichen, desto schlechter lassen sich solche Angebote verkaufen. Der Gast erwartet einfache, bequeme Strukturen.

> * Wissen | **Modal Split**
>
> Die Kombination mehrerer Verkehrsmittel im Tourismus wird als Modal Split bezeichnet.

Alle Verkehrsunternehmen haben sich mit einem betriebswirtschaftlichen „Problem" auseinanderzusetzen. Ihre Angebote verfügen über starre Kapazitäten. Ein Reisebus (engl.: Coach) hat z. B. 50 Sitzplätze. Der Bus kann also nicht 53 Passagiere befördern, selbst wenn es die Nachfrage dafür gäbe. Drei Passagiere können nicht befördert werden, obwohl sie bereit wären, für diese Fahrt Geld auszugeben. Wenn dieser Bus nur 15 Passagiere befördert, dann bleiben 35 Plätze unbesetzt. Das Verkehrsunternehmen kann 35-mal den Reisepreis nicht kassieren.

* Wissen | **Preise**

Mit einer dynamischen Preisgestaltung können Verkehrsunternehmen dem Problem starrer Kapazitäten entgegenwirken (z. B. Frühbucherrabatte, Saisonpreise).

## Die Beherbergungsunternehmen

* Wissen | **Beherbergung**

Beherbergungsunternehmen haben im Tourismus die Funktion, Gästen vorübergehend Beherbergungs- und/oder Bewirtungsleistungen anzubieten.

Sie zählen damit neben den Destinationen (als Basis) und den Verkehrsunternehmen (als „reisetechnisches Bindeglied") zu den elementaren Leistungen (Hauptleistungen) im Tourismus.

Gerade **Übernachtungsgäste** erleben ihren Urlaub aus dem Beherbergungsunternehmen heraus. Sie verbringen dort einen sehr großen Teil ihrer Reisezeit.

Folglich hat das Beherbergungsunternehmen einen zentralen Einfluss auf die Wahrnehmung der Reise und die daraus resultierende Zufriedenheit mit dem Angebot. Oder umgekehrt: Misslingt in der Beherbergungsleistung etwas (z. B. unsaubere Zimmer), dann hat das erhebliche Wirkung auf die Wahrnehmung weiterer Leistungsangebote. Um das bildlich darzustellen: Sehen Sie im Supermarkt einen Korb mit Erdbeeren und davon ist eine schlecht, dann kaufen Sie diesen Korb nicht, sondern wählen einen anderen aus.

> * Wissen | **(Para-)Hotellerie**
>
> Anstelle des Begriffs Beherbergungsunternehmen wird häufig verallgemeinernd auch von der Hotellerie und der Parahotellerie gesprochen.

Die Bezeichnung geht zurück auf die Betriebsart Hotel, die mit Abstand am häufigsten innerhalb der Beherbergungsunternehmen vorkommt. Die folgende Abbildung gibt zur Aufteilung einen Überblick.

Der wesentliche Unterschied zwischen der Hotellerie und der Parahotellerie besteht im Umfang der Leistungen. Während bei der Parahotellerie überwiegend ausschließlich Beherbergungsleistungen angeboten werden (seltener auch Bewirtung), liefert die Hotellerie ein weitaus größeres Portfolio an Angeboten: Beherbergung und Bewirtung (mindestens Frühstück) und Komplementärleistungen (z. B. Wellnessangebote).

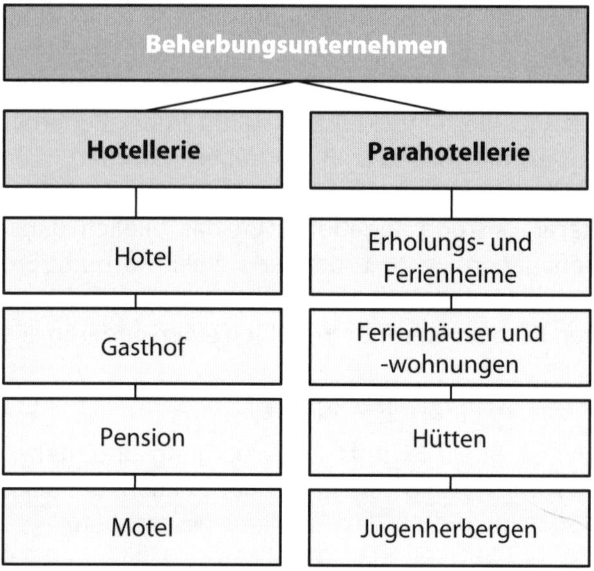


Abb. 5: Gliederung der Beherbergungsunternehmen (in Auszügen)

Die **Erfolgsfaktoren** von Beherbergungsunternehmen sind auf zwei Bereiche aufzuteilen:

- rahmengebende Erfolgsfaktoren
  - Standort
  - Betriebskonzept
- interne Leistungsfaktoren (Kernleistungen)
  - guter Schlaf (Bett, Matratze, Kopfkissen)
  - gutes Frühstück
  - freundliches Personal
  - Sauberkeit

Gerade bei den **Kernleistungen** und hier vor allem bei der Sauberkeit gibt es in Beherbergungsunternehmen immer wieder gravierende Qualitätsmängel. Was selbstverständlich scheint, stellt für manche Beherbergungsunternehmen eine große Herausforderung dar.

Wie auch Verkehrsunternehmen sehen sich die Beherbergungsunternehmen mit einer **starren Kapazität** konfrontiert. Sie sind in besonderem Maße der **Saisonalität** des touristischen Angebots ausgeliefert, die sich aus dem Standort und damit der Destination ableitet. So müssen z. B. Strandhotels den weitaus größten Teil ihrer Umsätze in den Sommermonaten erwirtschaften, während die Kosten (z. B. Abschreibungen und Zinsen) ganzjährig anfallen.

## Die Reisemittler

Die folgenden Träger touristischer Leistungen unterscheiden sich grundsätzlich von den zuvor dargestellten. Nicht jeder Reisegast nimmt ihre Leistungen in Anspruch. Das sind die so genannten **Individualreisenden**, die ihre Urlaubsplanungen, -vorbereitungen und vor allem -buchungen eigenständig durchführen.

Die folgenden Träger agieren auf Handelsstufen im touristischen Leistungskanon. Dieser Bereich wird auch als **Touristik** bezeichnet. Auch wenn sie nicht unmittelbar touristische Angebote „produzieren", so tragen ihre Leistungen dennoch zum Urlaubserlebnis im weiteren Sinne bei.

✱ Wissen | **Reisebüro**

Allein schon die erste Beratung für die Urlaubsplanung in einem Reisebüro kann schon erste Bedürfnisse der Gäste befriedigen: z. B. Informationen über mögliche Reiseziele.

Unternehmen können ihre Leistungen direkt an ihre Kunden verkaufen: **direkter Vertrieb**. Sie können sich aber auch verschiedener **Absatzmittler** bedienen. Diese stehen quasi zwischen dem Anbieter und dem Kunden. Das wird als **indirekter Vertrieb** bezeichnet.

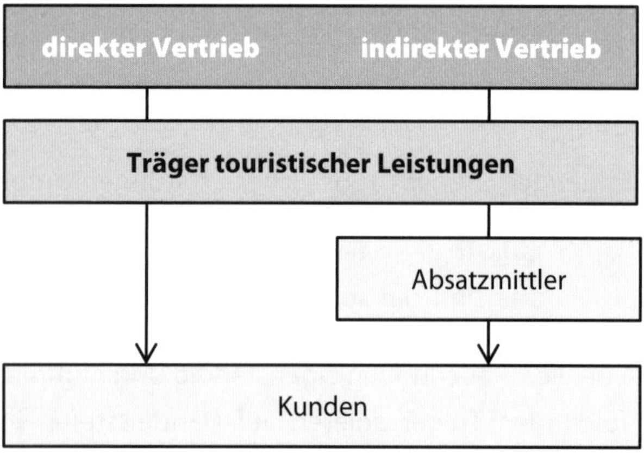


Abb. 6: Direkter und indirekter Vertrieb aus Sicht der Leistungsträger

*** Wissen | Reisemittler**

Reisemittler (z. B. Reisebüro) sind Leistungsträger des indirekten touristischen Vertriebs.

Reisemittler übernehmen verschiedene Funktionen im Tourismus. Sie beraten ihre Kunden (Beratungsfunktion), sie bieten eigene Sortimente (Sortimentsfunktion) von Reiseleistungen an (z. B. Hotels in verschiedenen Reisezielen, Flugreisen verschiedener Airlines) und sie kassieren den Reisepreis im Voraus für andere Leistungsträger (Inkassofunktion).

Der Erfolgsfaktor von Reisemittlern liegt in dem engen Kontakt zu ihren Kunden, also den Reisegästen der Anbieter, deren Leistungen sie verkaufen. Reisemittler kennen ihre Kunden, die sie z. B. beim Reisebüro aus der näheren Umgebung ihres Standortes generieren. Sie können daher ihr Sortiment auf ihre Kunden ausrichten und ihre Kunden individuell beraten. Aus Sicht der zuvor dargestellten Träger touristischer Leistungen (Destination, Beherbergungs- und Verkehrsunternehmen) üben sie eine Gatekeeper-Funktion aus. Sie öffnen quasi die Tore/Wege zum Kunden.

Innerhalb der Reisemittler gibt es einen erheblichen Wettbewerb. Das klassische Reisebüro spürt die massive Konkurrenz aus dem Internetvertrieb. Viele touristische Leistungen lassen sich relativ gut über so genannte Buchungsmaschinen (GDS, global distribution system) verkaufen.

Der Kunde kennt grundsätzlich die Leistungen eines Hotels. Er weiß, was er z. B. unter einer 3-Sterne-Klassifizierung erwarten kann. Insofern ist nicht bei allen touristischen Angeboten ein **Erklärungsbedarf** gegeben. Der Vertrieb kann digital erfolgen. Das Buchungsportal ersetzt das Reisebüro in der Funktion des Reisemittlers.

## Der Reiseveranstalter

Der Reiseveranstalter unterliegt strengen Pflichten, die sich aus dem Reiserecht (vgl. z. B. § 651 BGB) ableiten.

Abgesehen von der rechtlichen Seite sind Reiseveranstalter eigenständige touristische Unternehmen. Sie haben nicht nur eine **Vertriebsfunktion** inne. Durch ihre **Produktionsfunktion** lassen sie Reiseprodukte entstehen, die ohne die Kombination verschiedener Haupt- und Nebenleistungen so nicht existieren würden. Reiseveranstalter üben auch eine **Raumüberbrückungsfunktion** aus. Gerade ferne Reiseziele werden durch ihre Leistungen für viele Kunden erst konsumierbar. Sie lösen damit z. B. Sprach- und Devisenprobleme. Der Reiseveranstalter ist eine Betriebsform, die es so nur in der Tourismuswirtschaft gibt.

> ✱ Wissen | **Reiseveranstalter**
>
> Ein Reiseveranstalter entsteht, wenn mindestens zwei touristische Hauptleistungen zu einem eigenständigen Produkt zusammengefügt werden.

Ein Reiseveranstalter entsteht. Er entsteht im juristischen Sinne, weil die Rechtsprechung den Verbraucherschutz sehr streng auslegt. Es genügt schon der Anschein, touristische Hauptleistungen in Kombinationen zu verkaufen. Das kann z. B. passieren, wenn ein Hotel seinen Kunden eine Verkehrsleistung (z. B. Flug) zur Hotelbuchung anbietet.

Zwei touristische Hauptleistungen sind so definiert, dass sie zusammen ein Reiseerlebnis darstellen. Das ist häufig die Beherbergungs- und die Verkehrsleistung. Aber auch die Kreuzfahrt, die zugleich aus Verkehrs- und Beherbergungsleistung besteht, fällt unter die Reiseveranstaltung.

> Das eigenständige Produkt des Reisveranstalters ist die **Pauschalreise**. Hier werden touristische Haupt- und Nebenleistungen kombiniert und unter einem Preis angeboten.

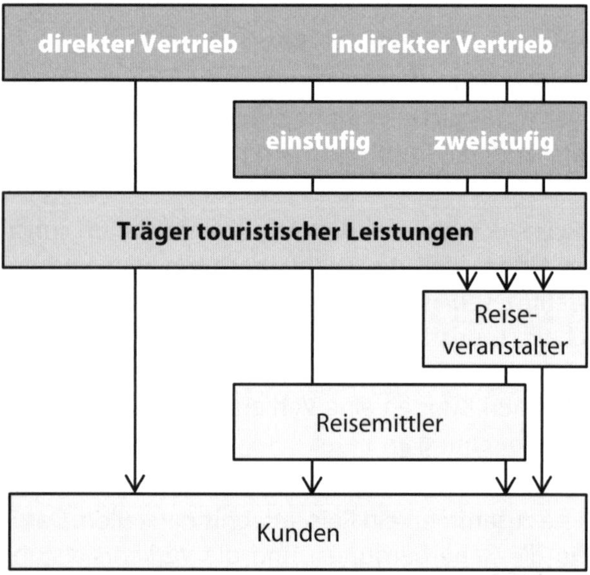


Abb. 7: Ein- und zweistufiger indirekter Vertrieb aus Sicht der Leistungsträger

Reiseveranstalter sind durch ein wirtschaftliches Phänomen gekennzeichnet. Sie können relativ schnell über eine relativ hohe Liquidität verfügen. Sie verkaufen ihre Leistungen vorzeitig an die Reisekunden. Ihre „Lieferanten“ (z. B. Hotels, Fluggesellschaften) werden jedoch erst nach erbrachter Leistung bezahlt. Zu große Liquidität bedeutet zugleich die Gefahr des Missmanagements; denn die eingenommenen Mittel müssen für die späteren Zahlungsverpflichtungen bereitgehalten werden.

## Die integrierten Touristikkonzerne

Integrierte Touristikkonzerne sind im Kern Reiseveranstalter, die ihre Tätigkeiten an der touristischen **Wertschöpfungskette** ausgeweitet haben.

> Die Integrationsmöglichkeiten können **horizontal** (entlang der Wertschöpfungskette) oder **vertikal** (auf der gleichen Stufe der Wertschöpfungskette) erfolgen.

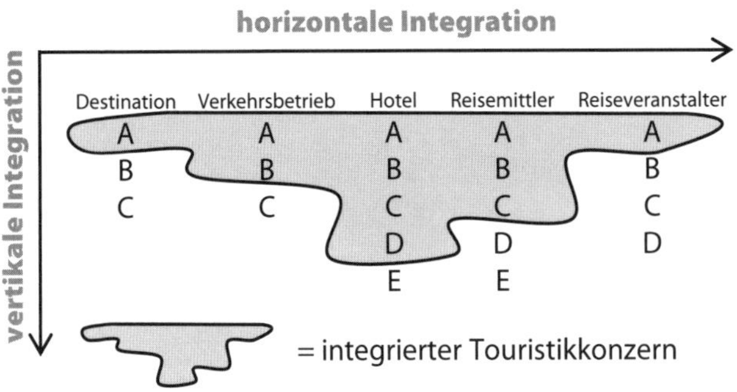


Abb. 8: Horizontale und vertikale Integrationsmöglichkeiten

Integrierte Touristikkonzerne verfolgen damit verschiedene **Strategien**. Sie können durch engere Kooperation entlang der Wertschöpfungskette **Synergieeffekte** entstehen lassen. Sie können an vielen Stellen zusätzlichen Gewinn abschöpfen. Integration dient aber auch der Risikominimierung. Wenn ein integriertes Unternehmen weniger profitabel ist, kann das durch andere ausgeglichen werden.

Diese Konzerne sind die **Big Player** der Tourismuswirtschaft. Sie sind die mit Abstand größten Arbeitgeber der Branche und bieten gerade jungen Fachkräften gute Einstiegsmöglichkeiten in das Berufsleben.

Integrierte Touristikkonzerne sind per se international ausgerichtet. Ihr Bestreben ist es, Zielgebiete bestmöglich zu vermarkten und für die gesättigten Märkte im Tourismus immer wieder neue Reiseziele zu erschließen. Damit stoßen sie oft auf Widerstand; denn neue Zielgebiete zu erschließen, bedeutet dort massive Eingriffe in die naturräumlichen und soziokulturellen Strukturen.

## ✱ Verständnisfragen

Haben Sie alles verstanden? Mit den folgenden Fragen können Sie das Gelernte schnell prüfen:

[1] In wie vielen Stufen wird die touristische Wertschöpfung erfasst?
☐ 1 ☐ 2
☐ 3 ☐ 4

[2] Ampeln, Bushaltestellen und Stoppschilder werden als Verkehrsmedien bezeichnet.
☐ richtig
☐ falsch

[3] Eine Destination ist ein konkret abgegrenztes bzw. einheitlich definiertes Ziel einer Reise.
☐ richtig
☐ falsch

[4] Viele Betriebe der Tourismuswirtschaft agieren mit starren Kapazitäten.
☐ richtig
☐ falsch

[5] Wellnessangebote stellen eine der Kernleistungen von Beherbergungsunternehmen dar.
☐ richtig
☐ falsch

[6] Beherbergungsunternehmen beeinflussen mit ihren Leistungen maßgeblich die Gesamtwahrnehmung einer Reise.
☐ richtig
☐ falsch

[7] In Abbildung 7 verbindet ein Pfeil auf der rechten Seite den Reiseveranstalter mit den Kunden. Diese Form des Vertriebs ist für den *Reiseveranstalter*:

☐ zweistufig indirekt ☐ indirekt-direkt
☐ einstufig indirekt ☐ direkt

[8] Der Bereich der Touristik ist ein Teilbereich des Tourismus, der primär im Bereich des touristischen Vertriebs angesiedelt ist.

☐ richtig
☐ falsch

[9] Ein integrierter Touristikkonzern kann grundsätzlich nur einen Reiseveranstalter umfassen.

☐ richtig
☐ falsch

[10] Saisonalität stellt für Beherbergungsunternehmen eine weitaus größere Herausforderung dar als für Reiseveranstalter.

☐ richtig
☐ falsch

[11] Welche Servicekette ist logisch aufgebaut?

☐ Buchung – Abreise – Anreise – Check-out
☐ Information – Buchung – Anreise – Check-in

✱ Lösungen

Die Lösungen finden Sie online unter
**www.utb-shop.de**
direkt beim Titel unter „Zusatzmaterial“.

# 3 Tätigkeiten der Tourismuswirtschaft

Tätigkeiten der Tourismuswirtschaft sind alle operativen Bereiche der **Unternehmensführung** bzw. der Verwaltungsleitung (das gilt für bestimmte Organisationsformen des Destinationsmanagements). In diesem Bereich gibt es sehr viele Überschneidungen zur **funktionalen Betriebswirtschaftslehre**. Dennoch sind im Tourismus viele spezielle Aspekte zu beachten. Es empfiehlt sich, für die jeweiligen Funktionslehren sowohl allgemeine Literatur als auch spezielle Tourismusliteratur zu lesen (z. B. Marketing & Tourismusmarketing).

In diesem Kapitel können nicht alle Tätigkeiten der Tourismuswirtschaft vorgestellt werden. Es ist nur ein kurzer Überblick über besondere Merkmale einzelner Tätigkeiten möglich.

## Statistik und Kennzahlen im Tourismus

Wie alle Formen der Statistik durchläuft auch die Tourismusstatistik den üblichen Prozess der Datenverarbeitung.

Die Statistikämter (Träger) des Bundes und der 16 Bundesländer sind verpflichtet, über die Tourismuswirtschaft Daten zu erheben, aufzubereiten und zu verbreiten (Tätigkeit). In der so genannten **amtlichen Tourismusstatistik** werden Daten über das Angebot und die Nachfrage im Tourismus verwendet.

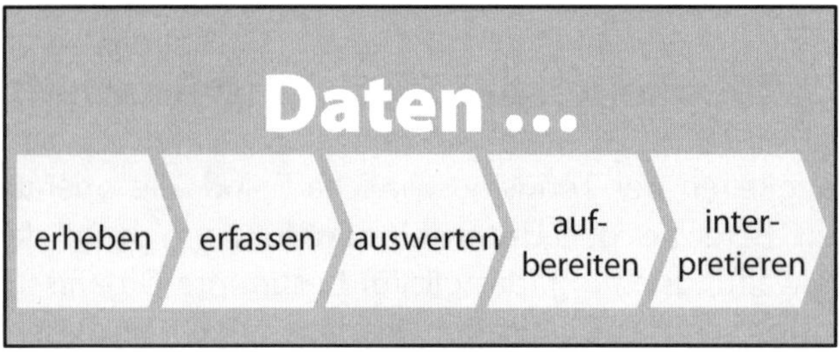


Abb. 9: Prozess der statistischen Datenverarbeitung

Einige (nicht alle) Unternehmen der Tourismuswirtschaft sind verpflichtet, ihre Daten an die jeweiligen Landesämter zu melden. Von dort werden die Daten an das Statistische Bundesamt weitergeleitet. Erfasst werden z. B. die Beherbergungsdaten, wenn ein Unternehmen über mehr als zehn Betten verfügt, oder die Passagierzahlen, wenn eine Reederei eine regelmäßige Schifffahrtslinie betreibt.

**✱ Wissen | Tourismusstatistik**

Die wesentlichen Funktionen der Tourismusstatistik sind die Dokumentation, die Analyse (z. B. Ländervergleiche, Zeitvergleiche) und das Erstellen von Prognosen. Außerdem fließen die Daten in die volkswirtschaftlichen Analysen und Berechnungen ein.

Die Tourismusstatistik ist aussagekräftig, wenn die Daten innerhalb eines Systems (z. B. amtliche Tourismusstatistik) analysiert werden. Dann sind in diesem Rahmen vergleichende Analysen und abgeleitete Prognosen und Trends darstellbar.

Die Tourismusstatistik ist generell nur eingeschränkt aussagekräftig, wenn damit ein totaler Marktüberblick gegeben werden soll. Das liegt an der eingeschränkten Datenerhebung. Die so genannte Abschneidegrenze (z. B. ab zehn Betten) führt nur zu einer partiellen Marktanalyse.

Es gibt auch andere Formen der Tourismusstatistik. Die **Deutsche Reiseanalyse** liefert jährlich Daten, die aus einer **Primärerhebung** in Form von Telefoninterviews stammen. Auch diese Daten sind über mehrere Jahre hinweg vergleichbar und liefern Aussagen über Trends im Tourismus. Mit der amtlichen Tourismusstatistik dürfen diese Zahlen jedoch nicht vermischt werden, weil sie auf einer anderen Datenbasis beruhen.

Aus den Tourismusstatistiken lassen sich **Kennzahlen** bilden. Zur Vergleichbarkeit können jedoch ausschließlich Daten desselben Systems genutzt werden, also z. B. nur aus der amtlichen Statistik oder nur aus der Deutschen Reiseanalyse.

> Kennzahlen komprimieren Statistiken und steigern deren Aussagekraft.

Folgende Funktionen von Kennzahlen sind üblich:

- Dokumentation des Status quo
- Branchenvergleiche
- regionale Vergleiche, Betriebsvergleiche
- Planung neuer Objekte/Investitionen
- Beurteilung von Projekten (z. B. Events, Kommunikationsmaßnahmen)
- Prognose künftiger Entwicklungen

Kennzahlen stoßen jedoch auch an gewissen Grenzen. Sie schreiben z. B. Fehler/Ungenauigkeiten der Ausgangsstatistiken fort. Ihre Aussagekraft ist nur bei grundsätzlich vergleichbaren Ländern, Regionen, Orten gegeben. Bei gänzlich unterschiedlichen Vergleichsländern, -regionen, -orten wird die Aussagekraft mindestens eingeschränkt.

> Kennzahlen sind dann aussagekräftig, wenn sie auf derselben Methode basieren. Leider sind in der Tourismuswissenschaft immer noch unterschiedliche Methoden/Formeln verbreitet.

Übliche Kennzahlen im Tourismus sind:

- Tourismusintensität
- Bettendichte
- Ankunftsdichte

Diese Kennzahlen werden jeweils im Vergleich zu 1.000 Einwohnern (EW) angegeben. So wird z. B. bei der **Tourismusintensität** (TI) die Zahl der Übernachtungen (ÜN) eines Ortes oder einer Region herangezogen. Folgende Formel gilt:

✱ Kennzahl mit Beispiel | **Tourismusintensität**

$$TI = \frac{ÜN \cdot 1.000}{EW}$$

Für einen Ort mit 3.578 Einwohnern und 600.000 Übernachtungen lässt sich der Wert 167.691,45 errechnen. Dieser Wert ist dimensionslos, d. h. er hat keine Einheit, wie z. B. km. Die Tourismusintensität liefert nur dann Aussagen, wenn sie mit anderen Orten oder Regionen verglichen werden kann. Für Deutschland beträgt die Tourismusintensität 4.500. Offenbar ist der Beispielort wesentlich stärker durch die Tourismuswirtschaft geprägt als Deutschland insgesamt. Allerdings können TOP-Reiseziele in Deutschland auch eine Tourismusintensität von rund 300.000 erreichen.

Allgemein gelten für die Tourismusintensität folgende Einschätzungen:

| Stufe | TI | Bedeutung |
|---|---|---|
| **0** | bis 5.174 | kein nennenswerter Tourismus |
| **1** | 5.175–12.056 | kaum Tourismus |
| **2** | 12.057–32.990 | schwacher Tourismus |
| **3** | 32.991–84.869 | tourismusintensive Gebiete |
| **4** | ab 84.870 | herausragende Gebiete |

## Das Personalmanagement

Für alle Träger touristischer Leistungen ist das Personal ein zentraler Produktionsfaktor. Weitere Produktionsfaktoren wären z. B. Gebäude oder Maschinen.

In vielen Unternehmen der Tourismuswirtschaft stellen die Personalkosten einen der größten Anteile an den Kosten dar. Personal wird daher allzu oft als Kostenfaktor betrachtet. Einige Hotels bieten z. B. schon Check-in-Apps an, um Rezeptionspersonal einzusparen. Solche Formen der Rationalisierung werden zukünftig im Tourismus häufiger vorkommen.

Ohne Personal können touristische Leistungen bis auf wenige Ausnahmen nicht erstellt werden. In klug geführten Unternehmen wird Personal daher besser als Leistungsfaktor angesehen. Das Aufgabenspektrum/

Instrumentarium des Personalmanagements ist sehr umfangreich. Es deckt folgende Bereiche ab:

- **Personalmarketing**
  - Employer Branding
  - Personalführung
  - Arbeitsbedingungen
- **Personalplanung**
  - Personalbedarfsplanung
  - Personalbeschaffungsplanung
  - Personaleinsatzplanung
  - Personalentwicklungsplanung
  - Personalabbauplanung
- **Personalverwaltung**
  - Personalbeurteilung
  - Personalbetreuung
  - Personalentlohnung

Dem Personalmanagement eines Unternehmens wird durch viele Gesetze ein gewisser Rahmen vorgegeben. Das leitet sich aus der Wirtschaftsordnung der Sozialen Marktwirtschaft ab. Das Arbeitsrecht in Deutschland besteht aus vielen einzelnen Gesetzen. Ziel ist der Schutz und die Gleichbehandlung der Arbeitnehmer. Bereiche wären z. B. der Kündigungsschutz, die Mitbestimmung, die Arbeitszeit u. v. m.

Das Personalmanagement im Tourismus hat besondere Herausforderungen zu bewältigen. Der schwankende Bedarf an Arbeitskräften wird oft durch Saisonpersonal abgedeckt. Durch das Personal bestimmt sich überwiegend die Qualität der Leistung. Zu häufige Wechsel haben einen negativen Einfluss auf die Qualität. Die Saisonalität vieler touristischer Angebote lässt daher die erforderliche Konstanz nicht zu.

**Saisonpersonal**, das besonders häufig in Gastronomie- und Beherbergungsunternehmen eingesetzt wird, hat die Möglichkeit, seine Leistungen in unterschiedlichen Regionen mit gegensätzlichen Saisonzeiten anzubieten. Es findet in der Tat eine gewisse Wanderschaft des Personals zwischen Winter- und Sommerurlaubsgebieten statt.

## Die Tourismusfinanzierung

Die Tätigkeit (Funktion) der Tourismusfinanzierung ist für zwei Arten der Träger (Institutionen) touristischer Leistungen zu betrachten: private Unternehmen der Tourismuswirtschaft und öffentliche Einrichtungen (z. B. Destinationsmanagement).

Private Unternehmen finanzieren sich in erster Linie durch den Verkauf ihrer Leistungen (L) an die Kunden. Dafür erhalten sie Umsatzerlöse (UE). Die in der Regel positive Differenz zwischen Umsatzerlösen und betrieblichen Aufwendungen, der Gewinn der Unternehmen, wird für den Erhalt und weitere Investitionen benötigt.

Auch öffentliche Einrichtungen verkaufen zum Teil Leistungen (L) gegen Entgelt (UE) (z. B. Schwimmbadeintritt) an die Kunden. In der Regel entstehen dabei keine Gewinne. Das Destinationsmanagement in bestimmten Tourismusorten kann sich zusätzlich über zwei weitere Einnahmen finanzieren: **Kurtaxe** (KT) und **Tourismusabgabe** (TT). Die Kurtaxe (KT) ist eine **Pauschalsteuer**, die Gäste zu zahlen haben, wenn sie sich in Kurorten aufhalten. Das Besondere daran ist, dass die Kurtaxe von den Beherbergungsunternehmen eingenommen und an das Destinationsmanagement weitergeleitet wird. Die Tourismusabgabe (TT) ist ein Beitrag der Unternehmen, die von der Tourismuswirtschaft profitieren. Sie wirkt wie eine Steuer und ist in die Preise der Unternehmen einkalkuliert.

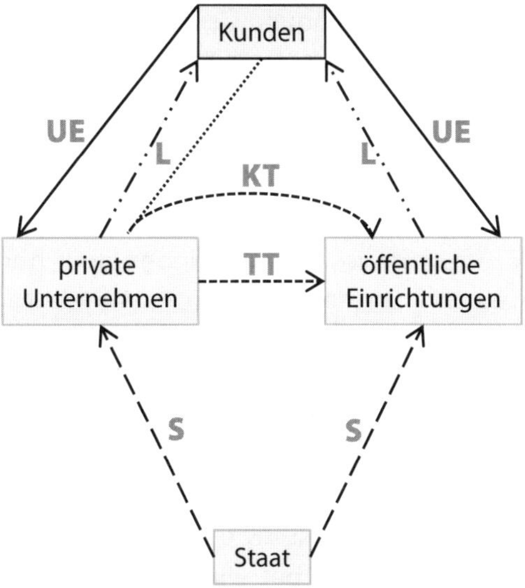


Abb. 10: Finanzierung im Tourismus

**✱ Wissen | Kurtaxe**

Kurtaxe (KT) (vergleichbar auch Bettensteuer und Kulturförderabgabe) belasten den Reisegast direkt. Sie wird von den Kunden schlecht akzeptiert. Tourismusabgaben (TT) belasten den Reisegast indirekt. Diese Form der Finanzierung wäre den Pauschalsteuern vorzuziehen.

Viele Unternehmen, selbst wenn sie Gewinne erwirtschaften, brauchen in der Startphase staatliche Zuschüsse in Form von Subventionen (S). Mit diesen Staatsausgaben wird Wirtschaftsförderung betrieben. Die Subventionen bei neuen Unternehmen sorgen für zusätzliche Arbeitsplätze. Damit wird seitens des Staates auch Arbeitsmarktpolitik betrieben.

Auch öffentliche Einrichtungen werden staatlich subventioniert. Der Betrieb solcher Einrichtungen (z. B. Bäder, Lesehallen, Informationsstellen) ist in der Regel defizitär. Oft sind diese Einrichtungen aber nötig, um in den Tourismusorten erforderliche Angebote vorzuhalten, ohne die der Tourismus gar nicht möglich wäre. Die Subventionen sichern damit indirekt Arbeitsplätze bei den übrigen Tourismusunternehmen.

Als Staat in der vorhergehenden Abbildung sind alle Kommunen, Landkreise, Bundesländer, der Bund und auch die Europäische Union (EU) zu verstehen. Kommunen und Landkreise betreiben Einrichtungen zum Destinationsmanagement. Die Bundesländer können Landesmarketinggesellschaften unterhalten.

Gerade in der EU gibt es viele Ansätze, Mittel für den Tourismus bereitzustellen. Das ist jedoch an strenge Auflagen gekoppelt, die sich z. B. um die Bereiche Nachhaltigkeit und Entwicklung der Regionen ranken.

## ✱ Verständnisfragen

Haben Sie alles verstanden? Mit den folgenden Fragen können Sie das Gelernte schnell prüfen:

[1] Welche Bedeutung hat der Tourismus in einem Ort mit einer Tourismusintensität von 165.000?

Stufe:

| | |
|---|---|
| ☐ 1 | ☐ 3 |
| ☐ 2 | ☐ 4 |

[2] Die amtliche Tourismusstatistik und die Deutsche Reiseanalyse liefern erst bei gemeinsamer Analyse aussagekräftige Werte.

☐ richtig
☐ falsch

[3] Die Abschneidegrenze bei Beherbergungsunternehmen liegt bei … Betten.

| | |
|---|---|
| ☐ 8 | ☐ 10 |
| ☐ 9 | ☐ 11 |

[4] Mit richtigem Personalmanagement kann die Qualität der Leistung beeinflusst werden.

☐ richtig
☐ falsch

[5] Die Kurtaxe ist eine indirekte Steuer, weil sie von den Unternehmen eingezogen wird.

☐ richtig
☐ falsch

[6] Personal wird grundsätzlich als Kostenfaktor gesehen.
- ☐ richtig
- ☐ falsch

[7] Saisonkräfte helfen, zeitliche Schwankungen des Personalbedarfs auszugleichen.
- ☐ richtig
- ☐ falsch

✱ Lösungen

Die Lösungen finden Sie online unter
**www.utb-shop.de**
direkt beim Titel unter „Zusatzmaterial“.

# 4 Die Themen der Tourismuswirtschaft

Anstelle des Begriffs „Themen“ wird auch der Begriff „Märkte“ benutzt. Da hier das touristische Angebot betrachtet wird, sollte jedoch nicht von Märkten gesprochen werden; denn die spezifische Nachfrage wird zunächst ausgeblendet.

Bei den Themen der Tourismuswirtschaft werden das Angebot und die Tätigkeiten der Träger auf bestimmte Teilleistungen ausgerichtet. Diese Form der Spezialisierung führt dazu, dass andere Leistungen nicht oder nur unzureichend angeboten werden können.

In der Tourismuspraxis – und leider gelegentlich auch in der Tourismuswissenschaft – wird in diesem Zuge von einer Spezialisierung auf Zielgruppen gesprochen. Der Begriff der Zielgruppe ist sehr spezifisch. Eine Spezialisierung z. B. auf Gesundheitstourismus ist noch viel zu allgemein.

## Der Erholungstourismus

Das wohl grundlegendste Bedürfnis beim Reisen ist die Erholung. Die **drei S** des Reisens – **S**onne, **S**trand und **S**ee – oder die **drei E** des Reisens – **E**rholung, **E**ntspannung und **E**rlebnisse – umschreiben dieses Grundthema der Tourismuswirtschaft. Alljährlich, zu bestimmten Reisezeiten, zieht es Millionen von Reisenden in den Urlaub. Erholung vom Alltag, Kraft und neue Energie tanken, sich mal so richtig verwöhnen lassen, das sind die treibenden **Motive** dieser Urlauber.

Die Tourismuswirtschaft nutzt diesen Effekt und hat in den vergangenen 30 Jahren Strukturen des Massentourismus geschaffen. An den großen Flughäfen starten bzw. landen die Großraumflugzeuge (Verkehrsmittel) fast im Minutentakt. Riesige Hotelkomplexe (Beherbergung) dominieren die Landschaft an geeigneten Küstenabschnitten (Destination). Ferne Reiseziele können mit Pauschalreisen (Produkte), und den damit verbundenen Mengeneffekten, zu günstigen Preisen (Marketing) verkauft werden (Vertrieb).

> Dieses grob skizzierte Beispiel soll verdeutlichen, wie die **drei Gliederungsebenen** der Tourismuswirtschaft (Träger, Tätigkeiten, Themen) aufeinander abgestimmt werden müssen, um passende Angebote zu entwickeln.

In den Zeiten vor dem Massentourismus waren die Motive mit denen heutiger Touristen vergleichbar.

Das Reisen war jedoch **schwieriger**, **individueller** und folglich auch **teurer**, sodass sich nur wenige Reisende den Erholungsurlaub überhaupt leisten konnten. In der Frühphase des Tourismus waren solche Reisen nur **Adligen** und äußerst **Wohlhabenden** vorbehalten. Der Sommerurlaub wurde damals als Sommerfrische bezeichnet.

## Der Gesundheitstourismus

Gesundheitstourismus ist ein Thema mit sehr unterschiedlichen Formen. Wird das Thema besonders weit ausgelegt, gibt es logische Überschneidungen zum Bereich des Erholungstourismus. Schließlich kann eine fortwährende Belastung und Anspannung ohne entsprechenden Ausgleich auch zu gesundheitlichen Folgen führen (z. B. Burnout).

Urformen des Gesundheitstourismus gehen bis in die Antike zurück. Das Orakel von Delphi (Spiritualität) oder der Tempel von Asklepios sind einige Beispiele. In Deutschland hat sich das Kurwesen lange Zeit als bedeutender Bereich des Gesundheitstourismus etablieren können. Die Ursprünge liegen im Jahr 1892, als der **Deutsche Heilbäderverband** (DHV) gegründet wurde.

**Kuren** bewirken, dass die Arbeitskraft der werktätigen Bevölkerung wiederhergestellt werden kann. Leider lässt sich genau dieser Ansatz auch für politische Propagandazwecke missbrauchen. Auf der einen Seite können Regime den Arbeitern etwas Gutes tun. Auf der anderen Seite wurde deren Arbeitskraft dringend benötigt, um einerseits die Rüstungsindustrie im Dritten Reich und andererseits den Sozialismus in der DDR aufzubauen. In diesen Zeiten entstanden die Organisationen Kraft durch Freude Reisen (KdF) und Reiseangebote des Freien Deutschen Gewerkschaftsbunds (FDGB).

Orte, die über besondere natürliche Angebotsvoraussetzungen verfügen, können sich durch den DTV und den DHV prädikatisieren lassen. Sie müssen z. B. über besondere klimatische (z. B. Meeresklima) oder geologische (z. B. Sole) Faktoren verfügen, bei denen eine gesundheitsförderliche Wirkung nachgewiesen werden kann. **Prädikatisierte Orte** dürfen den Zusatz **Bad** vor dem Ortsnamen führen.

Abb. 11, rechte Seite:
Formen des Gesundheitstourismus

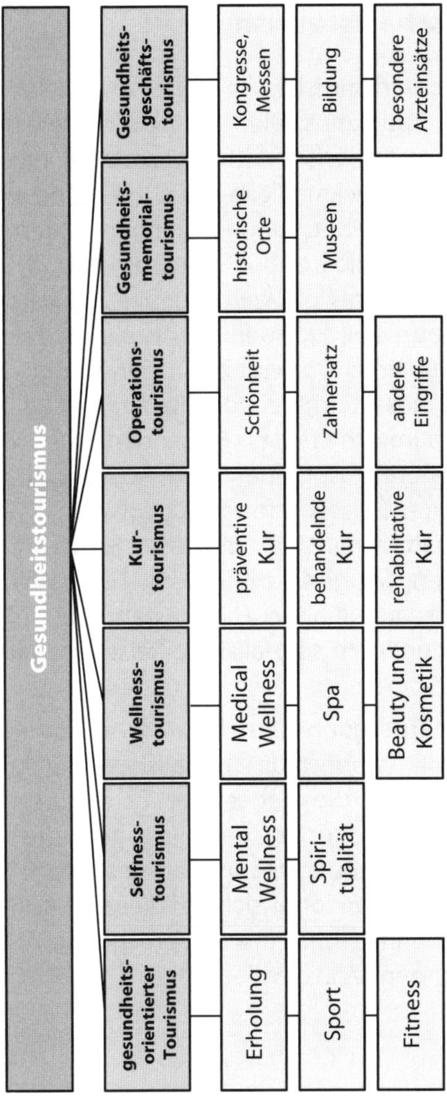
Gesundheitstourismus
gesundheits-orientierter Tourismus
Selfness-tourismus
Wellness-tourismus
Kur-tourismus
Operations-tourismus
Gesundheits-memorial-tourismus
Gesundheits-geschäfts-tourismus
Erholung
Sport
Fitness
Mental Wellness
Spiri-tualität
Medical Wellness
Spa
Beauty und Kosmetik
präventive Kur
behandelnde Kur
rehabilitative Kur
Schönheit
Zahnersatz
andere Eingriffe
historische Orte
Museen
Kongresse, Messen
Bildung
besondere Arzteinsätze

## Der Geschäftstourismus

Geschäftstourismus ist ein großer und vielfältiger Bereich des Tourismus. Die Reiseziele richten sich nicht nach naturräumlicher Ästhetik, sondern nach naturräumlicher Zweckmäßigkeit aus. Hier sind vor allem künstliche Angebotsvoraussetzungen in den Destinationen erforderlich, z. B. Messezentren und Tagungsräume. Anders als bei weitestgehend selbstbestimmten Privatreisen, werden Reisezeitpunkte im Geschäftstourismus vorgegeben. Hier führen Kundentermine, Messetermine oder Reparaturfälle zu einer Fremdbestimmtheit des Reisenden. Oft wird das durch höhere Ansprüche im Bereich der Zuverlässigkeit und des Reisekomforts ausgeglichen. Es gibt Reiseveranstalter, die sich auf dieses Segment spezialisiert haben. Oft gibt es in großen Firmen eigene Geschäftsreiseabteilungen. Hier besteht die Möglichkeit, die Leistungen an spezialisierte Reisebüros auszugliedern: Outsourcing.

Auch Beherbergungsbetriebe können sich im Bereich des Geschäftstourismus spezialisieren. Es gibt z. B. Tagungshotels, die neben der Beherbergung über verschiedene Tagungsräume verfügen, die mit entsprechender Tagungstechnik ausgestattet sind. Eine solche Investition lohnt sich bei dieser Spezialisierung oft nur, wenn damit eine entsprechende Auslastung erzielt werden kann.

Abb. 12, rechte Seite:
Formen des Geschäftstourismus

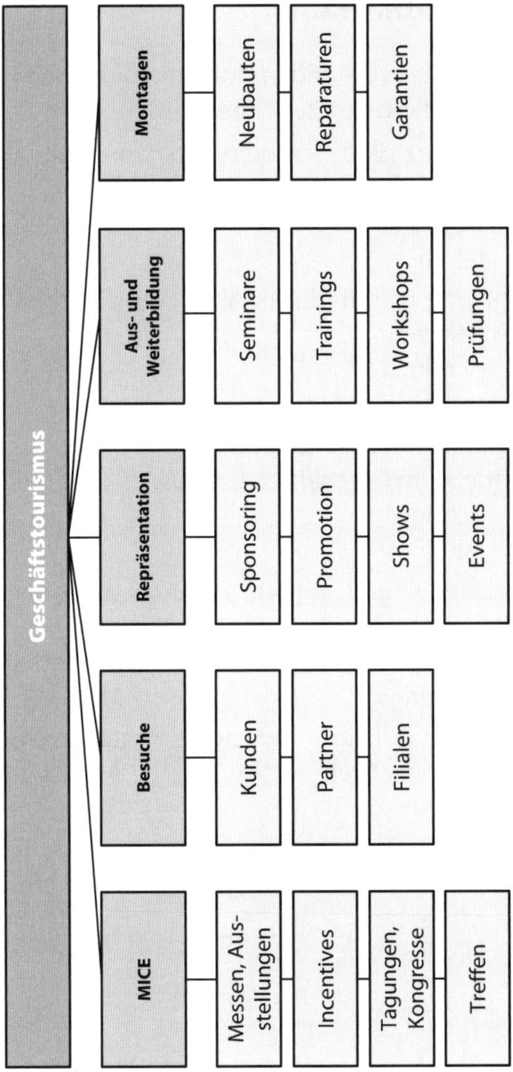
Geschäftstourismus
MICE
Messen, Aus-
stellungen
Incentives
Tagungen,
Kongresse
Treffen
Besuche
Kunden
Partner
Filialen
Repräsentation
Sponsoring
Promotion
Shows
Events
Aus- und
Weiterbildung
Seminare
Trainings
Workshops
Prüfungen
Montagen
Neubauten
Reparaturen
Garantien

## ✱ Verständnisfragen

Haben Sie alles verstanden? Mit den folgenden Fragen können Sie das Gelernte schnell prüfen:

[1] Der Zusatz „Bad“ vor dem Ortsnamen gilt als Hinweis auf besonders schlechte Reiseangebote?
- ☐ richtig
- ☐ falsch

[2] Erholung ist seit vielen Jahren ein zentrales Motiv des Reisens.
- ☐ richtig
- ☐ falsch

[3] Tagungshotels sind spezialisierte Beherbergungsbetriebe im Geschäftstourismus.
- ☐ richtig
- ☐ falsch

[4] Welcher Begriff wird u. a. durch die Abkürzung MICE angegeben?
- ☐ Music ☐ Marketing
- ☐ Meetings ☐ Motivation

[5] Bei Kuren soll die … wiederhergestellt werden.
- ☐ Persönlichkeit ☐ Arbeitskraft
- ☐ Psyche ☐ Gesundheit

[6] Bei Geschäftsreisen kann der Reisezeitpunkt vom Reisenden grundsätzlich frei bestimmt werden.
- ☐ richtig
- ☐ falsch

[7] Massentourismus ist eine Folgeerscheinung des immer größer werdenden Erholungsbedarfs.

- ☐ richtig
- ☐ falsch

✱ Lösungen

Die Lösungen finden Sie online unter
**www.utb-shop.de**
direkt beim Titel unter „Zusatzmaterial“.

# 5 Die Produkte im Tourismus

Unter einem Produkt verstehen viele Menschen ein anfassbares, materielles Gut. Solche Güter werden in Unternehmen nach konkreten Material- und Produktionsplänen hergestellt.

Das ist im Tourismus gänzlich anders. Darum ist auch der Begriff „Produkt" eher theoretisch als Ergebnis der unternehmerischen Faktorenkombination zu verstehen.

> Pauschalreiseangebote können am treffendsten mit dem Begriff Produkt im Tourismus bezeichnet werden.

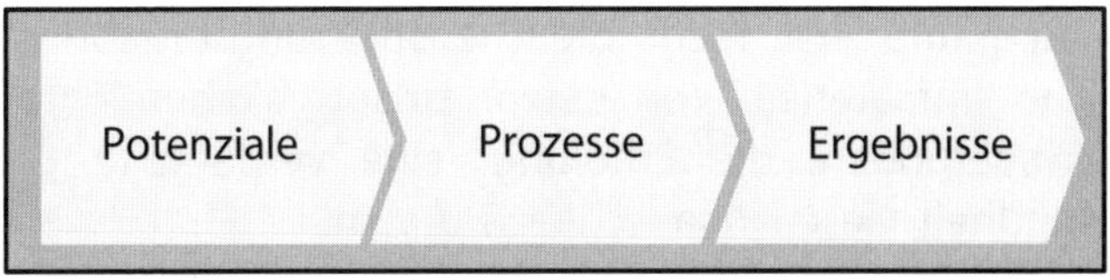


Abb. 13: Das Drei-Dimensionen-Modell

> Touristische Produkte sind Dienstleistungen, die mit dem **Drei-Dimensionen-Modell** beschrieben werden können.

Dienstleistungen sind in allen drei Dimensionen stets **immateriell**. Bei einem Hotel wird nicht das Dienstleistungspotenzial, das Hotelzimmer, angeboten, sondern dessen temporäre Nutzung. Das Hotelzimmer gehört in diesem Beispiel zu den bereitgestellten internen Leistungsfaktoren.

Während des Dienstleistungsprozesses entsteht die eigentliche Dienstleistung. Der Dienstleistungsprozess bildet daher den entscheidenden Kern der Dienstleistung. Das wird als **Prozesscharakter** bezeichnet. Der wesentliche Unterschied zu sächlichen Produkten von Unternehmen ist, dass bei Dienstleistungen stets ein Kunde oder mindestens ein Teil von ihm anwesend sein muss. Erst dann kann die abschließende Faktorenkombination der bereitgestellten internen Leistungsfaktoren und des so genannten relevanten externen Faktors stattfinden. Das wird als **Uno-actu-Prinzip** bezeichnet.

Auch und erst recht die Dienstleistungsergebnisse sind immateriell. Von einem Urlaub bleiben Fotos, Erinnerungen, die Erholung, eine verbesserte Gesundheit, Geschäftsabschlüsse u. v. m.

Das Produkt des Tourismus besteht jedoch nicht aus einem Leistungsteil. Das Prinzip der Leistungsbündelung ergibt sich aus der Tatsache, dass grundsätzlich viele verschiedene Träger an der touristischen Dienstleistung mitwirken. Es gibt also stets verschiedene Potenziale, Prozesse und Ergebnisse im Tourismus.

✱ Wissen | **Ergebnisbündel**

Das Ergebnis touristischer Leistungen ist immer ein Ergebnisbündel. Es besteht aus den Teilergebnissen der unterschiedlichen Träger.

Die große Herausforderung besteht darin, dass schon ein schlechtes Leistungsergebnis das gesamte Ergebnis beeinflussen kann. Das gesamte Ergebnisbündel wird negativ, mindestens aber negativer, wahrgenommen, als es tatsächlich ist. Die Anforderungen an die Qualität touristischer Leistungen darf daher nicht zu niedrig gestellt sein.

Abb. 14, nächste Seite:
Das Drei-Dimensionen-Modell im Tourismus

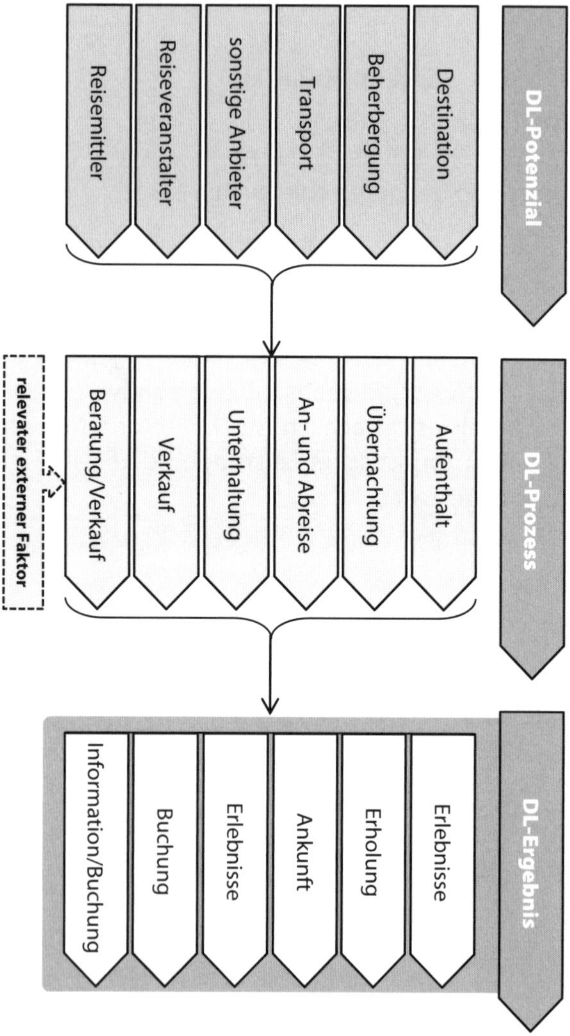
DL-Potenzial
Destination
Beherbergung
Transport
sonstige Anbieter
Reiseveranstalter
Reisemittler
DL-Prozess
Aufenthalt
Übernachtung
An- und Abreise
Unterhaltung
Verkauf
Beratung/Verkauf
relevater externer Faktor
DL-Ergebnis
Erlebnisse
Erholung
Ankunft
Erlebnisse
Buchung
Information/Buchung

## ✱ Verständnisfragen

Haben Sie alles verstanden? Mit den folgenden Fragen können Sie das Gelernte schnell prüfen:

[1] Im Tourismus gilt das Uno-actu-Prinzip.
- ☐ richtig
- ☐ falsch

[2] Touristische Produkte sind komplexer als andere.
- ☐ richtig
- ☐ falsch

[3] Das Wesen touristischer Produkte ist die Materialität.
- ☐ richtig
- ☐ falsch

✱ Lösungen

Die Lösungen finden Sie online unter
**www.utb-shop.de**
direkt beim Titel unter „Zusatzmaterial".

# 6 Die Kunden der Tourismuswirtschaft

Kunden sind in der speziellen Dienstleistung Tourismus ein besonderer Faktor. Sie sind – als so genannter relevanter externer Faktor – erforderlich, um die Leistungen überhaupt anbieten zu können. Sie sind aber auch höchst individuell.

Zwei verschiedene Kunden können ein und dieselbe Leistung (angebotene Leistungspotenziale) völlig unterschiedlich wahrnehmen.

* Wissen | **Komplexe Beziehungen**

Es gibt keine komplexeren Anbieter-Kunden-Beziehungen als im Tourismus.

Wenn bei klassischen Dienstleistungen ein relevanter externer Faktor untersucht wird, so sind es im Tourismus immer mehrere: der Gast und sein Auto, eine Reisegruppe, eine Familie, der Gast und sein Sportgerät etc. Hier sind unterschiedliche Formen der Kundenintegration vonnöten, um Zufriedenheit mit dem Leistungsergebnis erzielen zu können.

* Wissen | **Konsum- und Reiseverhalten**

Das Konsumverhalten im Tourismus wird als Reiseverhalten bezeichnet.

Das Reiseverhalten zu analysieren, ist ein aufwendiger Prozess der touristischen Marktforschung. Im Allgemeinen wird das Reiseverhalten bisher eher quantitativ untersucht: Wann reist wer mit welchem Verkehrsmittel wohin und wie ist der Gast untergebracht. Eine **qualitative Dimension** ist wesentlich aufwendiger zu erforschen, deshalb sind diese Studien nur punktuell zu finden. Das ist im Tourismus generell zu optimieren.

Reiseverhalten umfasst neben Auswahlentscheidungen (z. B. Wahl des Reiseziels) auch ein Nutzungsverhalten. Wie sich Gäste vor Ort verhalten, könnte z. B. anhand von Kundenlaufstudien untersucht werden. Damit bekämen die Entscheider z. B. Informationen über die zeitliche Abfolge der Leistungsbündelung.

Das Reiseverhalten wird zudem beeinflusst von allgemeinen, gesellschaftsorientierten Wertvorstellungen und Konsumeinstellungen (z. B. ökologisches oder soziales Bewusstsein), von eigenen Wertmaßstäben und von eigenen Verhaltensmustern der Konsumenten.

> ✱ Wissen | **Reiseentscheidungen**
>
> Reiseentscheidungen (Auswahlentscheidungen) werden vor, während und nach der Reise getroffen.

Die Unternehmen des Tourismus müssen zu unterschiedlichsten Zeiten und in verschiedensten Situationen Konsumimpulse setzen, um für sie positive Entscheidungen zu beeinflussen. Selbst bei mehr oder weniger standardisiert angebotenen Pauschalreisen trifft der Gast auch während der Reise eine Vielzahl von Reiseentscheidungen.

Jeder Leistungsträger muss seine Kunden verstehen, um erfolgreich zu sein. Er muss die Bedürfnisse, Bedarfe und Verhaltensmuster der Kunden kennen, um seine Leistungen optimal verkaufen zu können. Marketing liefert die entscheidenden Methoden und Instrumente, um Märkte zu bearbeiten und um den Kunden passende Angebote unterbreiten zu können. Das spezielle „Produkt" Tourismus bedarf jedoch spezieller Methoden im Bereich des Marketings, die sich nicht ohne spezielle Kenntnisse aus der allgemeinen Literatur zum Marketing ableiten lassen.

## ✱ Verständnisfragen

Haben Sie alles verstanden? Mit den folgenden Fragen können Sie das Gelernte schnell prüfen:

[1] Relevante externe Faktoren im Tourismus sind:
- ☐ Teil des Leistungspotenzials
- ☐ Teil des Leistungsprozesses
- ☐ Teil des Leistungsergebnisses

[2] Kunden konsumieren Reisen wie jedes andere Produkt.
- ☐ richtig
- ☐ falsch

[3] Kunden im Tourismus sind:
- ☐ höchst individuell
- ☐ alle gleich

[4] Welche Aussage ist essentiell im Tourismus?
- ☐ Denken wie der Kunde denkt.
- ☐ Kunden kommen immer wieder.

[5] Kunden im Tourismus treten wie bei anderen Dienstleistungen als ein relevanter externer Faktor auf.
- ☐ richtig
- ☐ falsch

✱ Lösungen

Die Lösungen finden Sie online unter
**www.utb-shop.de**
direkt beim Titel unter „Zusatzmaterial".

# Service

## ✱ Glossar

### Alleinstellungsmerkmal (Unique Selling Proposition, Kurzform: USP)

Im Tourismus ist es oft schwer, echte Alleinstellungsmerkmale zu finden. Viele Leistungen sind ähnlich und austauschbar (z. B. Hotel A – Hotel B). Selbst Destinationen unterscheiden sich innerhalb geografischer Regionen kaum voneinander. Umso wichtiger ist das Tourismusmarketing mit eigenständigen Images, um sich von Wettbewerbern zu unterscheiden.

### Channel Management

Die Möglichkeiten, touristische Leistungen zu verkaufen, sind insbesondere mit den Formen des elektronischen Vertriebs (e-Commerce) immens. Die Fülle der Möglichkeiten erfordert daher eine umfassende Auswahl und Kontrolle verschiedenster Vertriebswege.

## Destination Management Organisation (DMO)

Eine DMO ist die zentrale Organisations- und Marketingeinrichtung in touristischen Zielorten und -gebieten. Künftig muss hier noch viel mehr Wert auf Markenprofilierung der Destination gelegt werden. Kleinere Organisationseinheiten neigen dazu, zu wenig markenstrategisch zu agieren.

## Klassifizierung

Einheitlich festgelegte Anforderungen an die Beschaffenheit touristischer Angebote, die i.d.R. Vorgaben für das Leistungspotenzial (z. B. Hotelzimmer) umfassen. Klassifizierungen dienen der Angebotsunterscheidung, aber nicht der qualitativen Angebotsbeurteilung.

## Kunden

Kunden werden im Tourismus als Gäste, Reisende oder bei Verkehrsmitteln als Passagiere bezeichnet. Ohne sie geht im Tourismus nichts. Touristische Dienstleistungen können nur erbracht werden, wenn Gäste anwesend sind.

## Massentourismus

Um die 1980er Jahre zu beobachtendes Phänomen einer Boomphase in der Tourismuswirtschaft. Reiseleistungen verbilligten sich, immer mehr Menschen konnten sich Reisen in immer exotischere Zielgebiete leisten und extrem große Hotelkomplexe entstanden, um diese „Massen" abfertigen zu können. Auf Landschaftsschutzaspekte, maßvolle, nachhaltige Destinationsentwicklung wurde in dieser Phase kein Wert gelegt. Die Folgen sind heute noch zu erkennen: „verschandelte" Landschaften und Betonburgen mit massiven ökologischen und sozialen Verwerfungen.

### Nachhaltigkeit

Dieser Begriff ist immer noch nicht abschließend wissenschaftlich definiert. Viele verstehen darunter einen Ressourcen schonenden Einsatz von Rohstoffen. Nachhaltigkeit der Unternehmensführung ist darauf ausgerichtet, sämtliche Faktoren (Roh-, Hilfs- und Betriebsstoffe), aber auch Kapital und vor allem das Personal so einzusetzen, dass langfristig optimierte Ergebnisse erzielt werden.

### Outsourcing

Beim Outsourcing werden Teile der betrieblichen Leistung nicht mehr selbst erbracht, sondern bei Dritten eingekauft. Dabei kann es sich um Dienstleistungen (z. B. Reinigung) oder Sachleistungen (z. B. Frühstücksbuffet) handeln.

### Qualität

Kaum ein anderer Begriff kann so viele Definitionen auf sich vereinigen wie Qualität. Im Kern bedeutet der Begriff Beschaffenheit (eines Gutes, einer Leistung). Im übertragenen Sinn verstehen wir darunter, wenn etwas besonders „gut" gemacht wurde. Im Tourismus beschreibt Qualität den Abgleich der Reiseerwartung mit den Reiseerlebnissen. Sind die Erwartungen größer, tritt Enttäuschung und Unzufriedenheit ein. Sind die Erlebnisse größer, ist der Gast zufrieden bis begeistert.

### Rationalisierung

Rationalisierung bezeichnet den Prozess, Kosten zu optimieren, indem mittels Maschinen (Roboter, EDV-Systeme) Prozesse standardisiert und Mitarbeiter ersetzt werden.

### Saison

Für Regionen typische Zeitabschnitte extrem hoher Reisenachfrage. An den Küsten im Sommer (Badeurlaub), in den Bergen im Winter (evtl. Wintersporturlaub).

### Zielgruppe

Eine Zielgruppe bestimmt sich über soziodemografische Merkmale, Verhalten, Einstellungen und Lebensstile. Im Tourismus sind Zielgruppen kaum exakt zu definieren. Besser wäre es hier, allgemein von Kundengruppen zu sprechen.

### Qualitätssiegel

Von Verbänden herausgegebene Zeichen, Signets, Prädikate, die die Zugehörigkeit zu einem definierten Qualitätsprogramm darstellen sollen.

## ✱ Rätsel

In dem Buchstabengitter finden Sie **zehn touristische Begriffe**. Die folgenden Aussagen geben Ihnen nützliche Hinweise, um diese zu finden:

- ab hier zählen die statistischen Ämter
- das Konsumverhalten im Tourismus
- älterer Begriff für Sommerurlaub
- Kunde von Verkehrsunternehmen
- idealtypischer Ablauf einer Reise
- auf bestimmte Veranstaltungen spezialisierter Beherbergungsbetrieb
- Namenszusatz prädikatisierter Orte
- elementares Reisebedürfnis
- Verhältniszahl von Übernachtungen zu Einheimischen
- spezielle Betriebsform der Tourismuswirtschaft

| | | | | | | | | | | | | | | | | | | | |
|---|---|---|---|---|---|---|---|---|---|---|---|---|---|---|---|---|---|---|---|
| D | B | A | D | E | D | A | F | G | G | G | B | N | B | N | Y | X | O | Z | G |
| A | G | G | Y | X | C | F | T | Z | U | I | O | M | G | F | F | D | S | D | S |
| B | H | P | A | Q | W | E | R | T | Z | U | I | O | P | Ü | Ü | H | G | S | V |
| S | N | G | A | F | N | M | M | Q | Q | R | T | Z | U | I | O | O | P | S | Ä |
| C | D | B | W | S | E | R | V | I | C | E | K | E | T | T | E | D | U | O | I |
| N | D | M | E | Z | S | U | I | O | L | Ö | F | D | S | A | E | D | U | M | Z |
| E | H | I | W | H | H | A | C | F | G | V | B | N | N | G | O | F | K | M | H |
| I | Z | I | E | N | B | I | G | Z | F | G | J | B | g | U | Z | H | L | E | N |
| D | H | K | H | E | G | H | H | I | Q | W | E | R | T | N | Z | J | I | R | D |
| E | Q | K | E | D | G | N | B | I | E | A | S | F | G | G | H | K | Z | F | E |
| G | A | Ö | R | H | J | K | L | L | L | R | L | Ö | Ä | S | Ä | W | I | R | Q |
| R | D | Q | H | D | F | G | H | J | K | L | K | M | H | H | H | H | S | I | S |
| E | R | H | O | L | U | N | G | I | O | O | P | S | D | O | G | H | X | S | C |
| N | F | K | N | A | S | D | F | G | H | J | K | L | Ö | T | B | B | Z | C | V |
| Z | M | R | E | I | S | E | V | E | R | H | A | L | T | E | N | I | I | H | B |
| E | B | N | R | T | Z | U | O | F | G | H | J | K | L | L | Ö | I | U | E | B |
| D | F | G | E | R | T | Z | H | J | K | L | Ö | Y | X | C | V | B | N | M | M |
| T | O | U | R | I | S | M | U | S | I | N | T | E | N | S | I | T | Ä | T | Z |
| G | H | J | K | S | D | F | G | H | J | K | L | Ö | Ä | O | I | O | K | M | M |
| D | F | R | E | I | S | E | V | E | R | A | N | S | T | A | L | T | E | R | Z |

# Literaturtipps

**Zur Annäherung an das Thema:**

Die Geografie und die Ökonomie bilden, je nach Ausprägung der Hochschulen, zwei wesentliche Fachrichtungen, über die der Tourismus erschlossen wird. Die Grundlage dieses Buches bildet die Ökonomie.

Es ist grundsätzlich notwendig, die jeweiligen Standardwerke der „Mutterwissenschaften" zu kennen. Für die Betriebswirtschaftslehre sei hier explizit der Klassiker von **Wöhe/Döring** *Betriebswirtschaftslehre* genannt. Auch für jede weitere Vertiefung des Studiums sollten stets die Grundlagenwerke der BWL betrachtet werden. Das gilt z. B. für Organisation, Führung, Finanzierung, Marketing etc.

**Lehrbücher und Autoren, die Sie kennen sollten:**

Für die Tourismuswirtschaft bilden drei Standardwerke die Basis: **Walter Freyer** liefert mit *Tourismus: Einführung in die Fremdenverkehrsökonomie* das klassische Werk. Das Buch von **Jörn Mundt** *Tourismus* ist eine gleichwertige Ergänzung.

Einen etwas erweiterten Blick liefert **Bieger** mit *Tourismuslehre - Ein Grundriss.*

**Schmude/Naumberger** *Tourismusgeographie* ist auch lesenswert, aber bei weitem nicht so ausführlich, wie die Standardwerke.

Für jeden **Leistungsträger** gibt es spezielle Werke. In den Standardwerken werden die wesentlichen Aspekte mehr oder weniger ausführlich vorgestellt. So liefern z. B. **Steinecke** mit *Destinationsmanagement,* **Groß** *Tourismus und Verkehr* oder **Gardini** mit *Marketing-Management in der Hotellerie* entsprechende Vertiefungen.

Auch für die **Tätigkeiten** im Tourismusmanagement (BWL: Funktionen) sowie für die **Themen** (Teilmärkte) sind zahlreiche spezialisierte Publikationen verfügbar. Hier sind oftmals auch Sammelbände mit Beiträgen verschiedener Autoren zu einem Themenkomplex zu finden. Als Beispiele seien genannt **Hartmann** *Marketing in Tourismus und Freizeit* oder **Dreyer/Ratz/Berauer** *Weintourismus.*

# Index

## P



## Q



## R



## S



## T